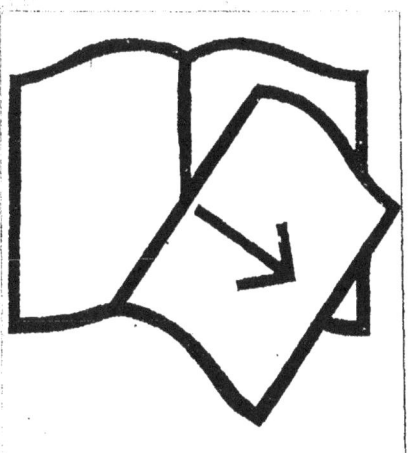

Couverture inférieure manquante

Début d'une série de documents en couleur

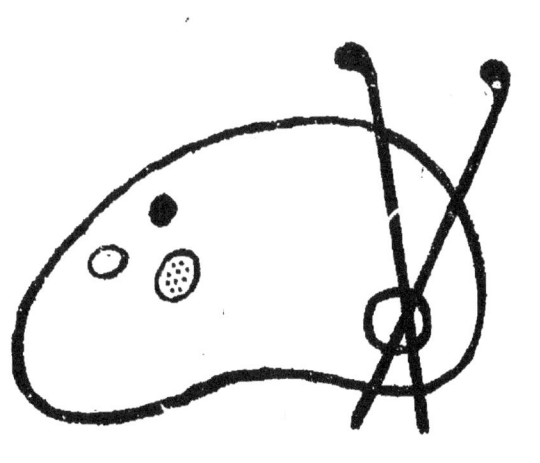

Fin d'une série de documents en couleur

DROITS SEIGNEURIAUX
DUS AUX ÉVEQUES DE CAMBRAI EN 1275

ET NOTE SUR

LE COMMERCE ET L'INDUSTRIE DE CETTE VILLE AU XIIIe SIÉCLE

DROITS SEIGNEURIAUX

DUS AUX ÉVÊQUES DE CAMBRAI EN 1275

ET NOTE SUR

LE COMMERCE ET L'INDUSTRIE DE CETTE VILLE AU XIIIe SIÈCLE

Par M. Finot, correspondant du Comité à Lille.

Le n° 3 des registres et cartulaires du fonds de l'église cathédrale de Cambrai déposé aux Archives du Nord comprend un registre in-folio de 317 feuillets en parchemin, dont le premier porte la mention suivante, écrite au xviie siècle : « Ce livre contient la declaration des biens, droicts, redevances de tonlieux et aultres du revenu anchien de l'evesché de Cambray, au quartier de Cambresis et ville de Cambray. » Sur le feuillet de garde on lit aussi : « Ce livre contient l'ancien domaine l'Evesque de Cambray, anciennement et communement dict le Terrier l'Evesque », avec cette note : « Mgr l'illustrissime et réverendissime archevesque et duc de Cambray, Guillaume de Berghes, a fait relier et raccomoder ce livre en l'an 1605. »

Au premier aspect, d'après l'ensemble de l'écriture, ce manuscrit paraît appartenir à la fin du xiiie siècle, et, en effet, une mention, consignée au feuillet 84 recto, indique que ce terrier ou dénombrement fut dressé en 1275. Elle est ainsi conçue : « C'est en quel point les terres l'Evesque estoient à Cambr‑ l'an de l'incarnation Nostre Seigneur M et CC et LXXV à l'entrée d'aoust. » Mais les feuillets laissés en blanc et les bas de pages ont reçu aux xive, xve et xvie siècles de nombreuses additions correspondant à ce que nous appellerions de nos jours les mutations, ce livre étant en quelque sorte une matrice cadastrale rudimentaire destinée à faciliter la perception des droits dus aux évêques de Cambrai.

Il s'ouvre par une liste des débiteurs de redevances en argent ou en poules et chapons, dressée en suivant l'ordre des divisions féodales et topographiques de la ville de Cambrai qui étaient : les mairies Lambert de la place Saint-Géry, — de feu Guillon de Selles,

— la *couture* (enclos cultivé) l'Évêque à la porte Saint-Georges, — la mairie Saint-Géry avec la liste des bouchers et des boulangers qui y résidaient, — celles de Selles, — de la porte Saint-Ladre, — la justice du marché entre les ponts et la tannerie, — la mairie de la porte Coillet, — les rentes dites « dou marés », — celles dues par les habitants de la ruelle allant au grand Escaut, — celles dites Alart Proeche, — celles de feu le maïeur de Busignies devant Saint-Waast en le Cauchie, — celles des tenanciers de la rue de la Madeleine. Puis viennent les reconnaissances générales et particulières des droits dus à Treni, localité appelée aujourd'hui Terny-Soury, sise dans le département de l'Aisne, où, au moyen âge, les évêques de Cambrai percevaient des droits de vinage sur les vignes et les treilles, dont l'énumération est donnée ; à Willeris, village voisin ; à Cambrai et dans la banlieue ; à Thun-l'Évêque ; à Estrun ; à Paillencourt ; à Raillencourt ; à Proville ; à Naves ; à Saulzoir ; à Montrecourt ; à Wasnes-au-Bac ; à Braye-en-Thiérache ; à Bantigny ; à Blécourt ; à Cuvillers ; à Rainsars ; à Melin ; à Quiévy ; au Câteau-Cambrésis ; à Basuel ; à Maurois ; à Reumont ; à Saint-Benin ; à Câtillon ; à Ors.

Les parties les plus importantes de ce terrier sont celles relatives à Cambrai, au Câteau-Cambrésis et à Câtillon.

La reconnaissance des droits dus aux évêques à Cambrai présente ceci de particulier et de très intéressant que l'énumération de chaque droit est accompagnée en marge d'un dessin colorié représentant l'objet sur lequel il porte. Beaucoup de ces sortes d'illustrations ont malheureusement été découpées et enlevées ; mais il en reste encore une centaine qui, jointes au texte même de la déclaration, permettent d'apprécier quel était le commerce local de Cambrai au XIIIe siècle et constituent une source précieuse de renseignements sur les produits de l'agriculture et de l'industrie, les instruments aratoires, les ustensiles et les animaux domestiques employés alors par les populations du Cambrésis. On y remarque, en effet, des dessins représentant des balances (ordinaire et romaine), l'étal d'un boulanger, celui d'un drapier, des chaussures, des cuves de foulon et de brasseur, une brebis, des fagots, des bois ouvrés tels qu'écuelles et pilons, une herse, une houe, des cordages, des roues de chariots, une charrette à quatre roues et une à deux, une pelle, une fourche, des fléaux à battre le grain, des baquets, une *mai* ou pétrin, des bottes, un coffre, une salière, des barils, un casier ou garde-manger, des arçons de selle, un battoir, des seaux, des douves de tonneau, des pots de différentes formes, une cuve pleine de guède ou pastel servant à teindre les étoffes en bleu, un paquet de garance, des peaux de lièvre, de lapin, d'agneau, de vair, d'écureuil et de renard avec les pans de manteaux faits avec ces fourrures, une robe en laine, une corbeille de plumes pour oreiller, un matelas, une couverture, une botte de lin, un muid de grain, des jambons, une vache, un bélier, des chandelles de suif, un porc, une truie suitée, un bouc, des chausses, des toiles fines appelées *molequin*, des chaudières de cuivre, des pains de beurre, de saindoux et de suif, des fromages, des tonneaux, un panier d'œufs, des gerbes de blé, une charrue. Ce qui frappe au premier aspect, lorsque l'on examine ces dessins, c'est que si les noms des divers objets qu'ils représentent ont varié depuis 1275, leur forme, au contraire, n'a pas changé et la plupart des ustensiles dont se servent actuellement les habitants des campagnes du nord de la France, sont restés à peu près les mêmes que ceux en usage chez eux au moyen âge. Il faut cependant faire une exception pour quelques articles d'importation anglaise ou américaine, les fourches métalliques par exemple et divers instruments aratoires, qui ont pénétré dans les villages depuis une vingtaine d'années.

D'autres vignettes représentent les monuments de Cambrai, du Câteau-Cambrésis, de Thun-l'Évêque et de Câtillon. Elles sont, il est vrai, si sommaires, si primitives que l'exactitude peut en paraître suspecte. Cependant l'histoire locale peut encore en tirer quelques renseignements. On y voit : les moulins de Cambrai, la porte Coillet, l'église du Saint-Sépulcre, le pilori, le marché, la porte dite du Mal, la porte de Selles, le château et la croix de Selles, la porte de l'Entrepont, la table des changeurs; le château de Thun ainsi que plusieurs maisons de ce village; la porte l'Évêque du Câteau-Cambrésis, la porte Euwrèche, la porte Henri Cent Mars, la porte Naghet, le moutier Saint-Martin, la porte Monseigneur Jean Fornel, le pont des Foulons, les halles; la porte Aloul à Câtillon, le moutier, la fontaine au Buhot, la maison dite le meix Tornoile, le Vivier.

Le dialecte vulgaire dans lequel est rédigé ce terrier présente la plupart des formes du wallon et du picard, absence de l'article féminin et de l'articulation *ch*. La règle de l's est assez régulièrement observée.

Sans nous attarder davantage à faire ressortir l'intérêt que présente ce document au point de vue archéologique et philologique, nous essayerons de tracer, d'après les renseignements qu'il renferme, un tableau sommaire du commerce et de l'industrie à Cambrai au xiii° siècle. Nous suivrons pour passer en revue les diverses denrées, marchandises ou objets, vendus ou fabriqués dans cette ville, l'ordre dans lequel les énumère la reconnaissance des droits perçus sur leur vente par les évêques.

Ces droits étaient affermés annuellement 210 livres parisis payables en trois termes, à la Chandeleur, à la Saint-Jean et à la Saint-Remy. Cet acensement n'avait pas lieu en bloc, mais comprenait six cens ou fermes particulières : celles de la balance, du poids, des étalages, des *fouées* (grains et bois de chauffage), des *cambes* (brasseries) et des menues rentes de chapons, de poules et de deniers levées à l'intérieur de la ville ou hors des portes. Chacune de ces fermes comprenait elle-même plusieurs tonlieux ou droits perçus spécialement sur certains objets.

Nulle balance ne pouvait être employée sans l'autorisation de l'évêque. La poise de laine pesée au *tronel* (balance romaine) devait 2 deniers.

Chaque tailleur tenant étalage le samedi devait un denier; chaque cordonnier, trois paires de *caucies* (souliers), une à Noël, deux à Pâques et, en outre, un denier chaque samedi pour droit d'étalage. L'une de ces paires revenait à l'évêque avec le denier d'*étalagier* et les deux autres paires au *fieffé*, c'est-à-dire à celui qui avait affermé ce droit.

Chaque boulanger devait au mois de mai 5 sols cambrésiens et 20 deniers et 1 obole à la Saint-Remy. Ceux qui résidaient dans l'étendue de la mairie Saint-Géry devaient aussi au mois de mai 18 deniers et 1 obole dont trois au maire, et à la Saint-Remy 14 deniers et 1 obole.

Chaque *tronc de foulon* (cuve servant à fouler les draps) devait 1 denier cambrésien par an. Chaque étalage placé à l'intérieur ou à l'extérieur des maisons devait à la Saint-Remy de chaque année 1 denier cambrésien, ou sa valeur en *porée* (légumes) ou autre denrée.

Le droit dû par les brasseurs était de 3 sols à la Saint-Remy; en outre, il était perçu 3 sols par muid de brai vendu ou employé.

Sont énumérés ensuite les droits ou tonlieux suivants : le moutonnage levé sur les brebis; les fouées, sur le bois de chauffage et les fagots, les bois ouvrés tels qu'écuelles et *pestiaux* (pilons), les bois de charronage pour la fabrication des herses, binoirs, charrues, roues, seaux, cuvelles, les cordages, les bois de construction, ceux servant à faire les manches de couteaux (*banke à coutel*) et les hastes de lances, les planches, les pelles, pieux, fourches, fléaux à battre le grain, baquets, charrettes, pétrins (*mais*), paniers, boisseaux servant à mesurer les grains, les salières, balais, petits barils, *casiers* ou garde-manger, arçons de selle, battoirs, cuves, vans, douves de tonneau, barreaux de bois. Le total de l'acensement de ce tonlieu était de 10 livres.

Le tonlieu des draps comprenait : la laine qui se vendait en sac payant une redevance de 4 deniers; la pièce de drap vendue en gros dans la ville, sauf le samedi, payant 1 denier; la *cuvèle* de guède ou pastel pour la teinture, aussi 1 denier; et la garance, dont le cent devait aussi 1 denier. Les teinturiers ne devaient pas d'autres droits à l'évêque. Total de l'acensement : 11 livres.

Dans le tonlieu de l'*escoherie* ou de la mégisserie on trouvait les peaux de lièvres, de lapins (*conins*), d'agneaux, de vair, d'écureuils, de renards qui acquittaient des droits variant de 2 à 4 deniers par cent, par mille ou par douzaine.

Les fourrures ou *pennes* confectionnées avec ces peaux et celles de chat ou de loir payaient des redevances plus fortes. Il en était de même des vêtements appelés pelisses. Il est aussi question des peaux des agneaux mort-nés, dites de *malemort*, que nous appelons astrakan de nos jours, des peaux de moutons servant à fourrer les vêtements. Quant aux toisons appelées *viaurres* elles devaient chacune 1 obole. Si on les vendait en bloc sans les peser, le droit était de 1 denier par 5 sols du prix; sur la laine filée il s'élevait à 1 obole sur 6 deniers du prix. Total de l'acensement : 11 livres parisis par an.

Dans le tonlieu des vieux draps se trouvaient d'autres marchandises assimilées, telles que les matelas ou *keutes*, les oreillers (*chavechens*), les plumes, la toile à matelas ou coutil, le lin, le fil.

Pour le tonlieu des grains il était spécifié que nul bourgeois ni autre habitant ne pouvait acheter du grain pour le revendre sans payer 2 deniers par muid. Le muid de grain devait 2 deniers et la charge apportée à dos d'homme, 1 obole; la charretée du pays, 1 denier; celle venant de l'autre côté de la chaussée de Fins, 2 deniers. Chaque charretée sortant de Cambrai devait 1 denier; la voiture (*li car*), 2, si le grain était emmené par des étrangers. Les vendeurs de pois et autres menues graines (*grumel*), le samedi, payaient 1 obole comme droit d'étalage.

Le tonlieu des animaux de boucherie et des bêtes de somme s'appliquait aux jambons (*bacons*) et jambonneaux (*baconnesses*), aux chevaux, juments, vaches, veaux, taureaux, bœufs, chèvres, porcs, truies, porcelets, moutons et brebis. Chaque étal de boucher devait 1 denier le dimanche, plus 1 denier à l'évêque le lundi de Pâques. Les vendeurs de graisse et de suif devaient 1 denier sur l'ensemble de leur marchandise. Les marchands de chandelles 1 denier d'étalage chaque samedi. Les charcutiers (*machetriers*) pouvaient vendre leurs marchandises toute la semaine en payant 1 denier. Ce tonlieu et celui des grains étaient acensés 44 livres parisis par an, quelquefois plus.

Le tonlieu des *chausses* ne rapportait que 36 sols 6 deniers par an. Il consistait en un droit de 2 deniers sur la douzaine de chausses, sauf sur celles vendues à l'étal, le samedi.

La pièce de l'étoffe appelée *molequin* (sorte de toile fine) devait 1 denier, et le marchand qui en tenait étalage payait 1 denier le vendredi et 1 le samedi. Les vendeurs et acheteurs de fil de molequin payaient 1 denier par 5 sols du prix. Tous les merciers, à l'étalage desquels pendait une courroie, devaient 1 obole et, en outre, un lacet à Pâques, un à la Pentecôte et un à Noël.

Le tonlieu du *molequin* rapportait 25 livres parisis par an.

Celui du fer comprenait, outre ce métal, neuf ou vieux, l'acier et les clous. Les marchands de vieux fer payaient 1 obole pour droit d'étalage ; les forgerons, tenant boutique, devaient un fer de pelle au mois de mars, une faucille au mois d'août et un fer d'essieu à Pâques ; les couteliers, un couteau de la valeur de 8 sols cambrésiens, trois fois l'an. La charretée de meules devait 2 deniers. Ce tonlieu était acensé 40 sols parisis par an. Le tonlieu du cuivre ne rapportait que 25 sols ; il portait sur le vieux cuivre et sur les chaudières grandes et moyennes.

Chaque douzaine de pièces de cuir à faire des souliers (*cordoan*) devait 2 deniers ; le cuir d'un cheval, 1 obole ; d'une vache, idem ; la charretée d'écorce, 1 obole. Les étrangers qui amenaient des cuirs en ville devaient, sur dix cuirs, 2 deniers, et l'acheteur, 1 denier. Le tonlieu des cuirs était affermé 20 sols.

Le beurre, le saindoux et le suif devaient 2 sols cambrésiens par 100 livres. Toutes les fenêtres où ces denrées étaient le samedi mises en vente, étaient taxées au paiement en nature de la valeur de 1 denier (denrée de leur avoir). Celles où l'on vendait de la cire en devaient une demi-livre.

Les habitants de la terre de l'évêque devaient un fromage sur cinq qu'ils faisaient ou mettaient en vente, et l'usage était qu'ils étaient quittes de cette redevance en donnant une gerbe au mois d'août, un pain à Noël et sept à Pâques. Les marchands de chandelles devaient 1 denier pour droit d'étalage le samedi.

Le tonlieu de la graisse était acensé 24 livres parisis par an, quelquefois 31 livres, quelquefois 40 livres.

A la suite de cette énumération des diverses marchandises et des droits qui les frappaient, viennent dans le terrier quelques dispositions générales sur le commerce de la ville de Cambrai.

Il est déclaré que nul ne peut s'établir marchand dans la ville (*ki markié fache*) sans payer les droits dus à l'évêque, quelle que soit la marchandise vendue. Ceux qui, le jour de la Saint-Remy, tiendront des boutiques pour vendre des choses de peu de valeur (*ne demies, ne denrées*), avec ou sans paniers, devront, homme ou femme, 1 obole cambrésienne. Ceux qui, le jour de la Saint-Géry, vendront, dans n'importe quel quartier, du pain, payeront 1 maille cambrésienne, et 1 obole, même monnaie, le jour de la Saint-Remy. Enfin l'évêque percevait des droits de forage qui consistaient en 2 setiers de vin sur une charretée de 5 muids dont 1 au châtelain et 1 à l'évêque; en 1 denier seulement sur la charretée de moins de 5 muids; la voiture de vin devait 8 setiers dont 7 et 2 deniers à l'évêque et 1 setier au châtelain.

Grâce à ce dénombrement des droits épiscopaux, on connaît assez exactement quels étaient les poids et mesures ainsi que les monnaies ayant cours à Cambrai au XIIIe siècle. Les jours de marché sont aussi indiqués.

Nous avons vu plus haut que deux sortes de balances y étaient employées : la grande balance et la balance romaine ou *tronel*. Cette dernière servait principalement pour peser la laine, et la quantité faisant ordinairement l'objet d'une pesée était appelée *poise*. Quelquefois la laine était aussi vendue au sac non pesé.

Les droits sur les bois de chauffage étaient perçus par charretée; il en était de même pour les bois ouvrés tels que les écuelles, pilons, salières, pétrins, etc.; la voiture (*li car*) indiquait une quantité double de la charretée. Pour les planches, les lattes, etc., la longueur était évaluée en pieds. Le *guède* ou pastel pour la teinture était mesuré à la *cuvelle*; la garance, par quantité de 100 livres; la plume, au *peson* ou *poise*; la toile dite coutil et le lin, par charretée, *sommier* (charge d'une bête de somme), *torsière* ou paquet et *collier* (charge d'un homme). Les peaux, fourrures, chausses, draps, etc., étaient comptés et acquittaient les droits à la pièce, à la douzaine, au cent ou au mille. Le beurre, le saindoux et le suif étaient estimés par livre. Pour les grains, le vin, la bière et le brai servant à la fabriquer, on trouve employés le maincaud et demi-maincaud, le muid, le setier, la charretée et la voiture. Les métaux se vendaient par 100 livres, par 30 livres (*li trantaine*) et par charretée.

Les monnaies que l'on trouve en usage sont : la livre parisis valant 40 gros ou 25 sols, c'est-à-dire en moyenne, car la proportion a varié suivant les époques, un quart de plus que la livre tournois ; le sol et le denier parisis ; l'obole, petite monnaie de cuivre valant la moitié d'un denier parisis ; le sol et le denier cambrésiens, monnaies frappées par les évêques de Cambrai [1] et à leur effigie ; la maille cambrésienne valait la moitié d'un denier cambrésien et correspondait à l'obole ; enfin il est plusieurs fois question d'une monnaie infime, le *partit*, valant la moitié de la maille ou de l'obole.

On remarque qu'il y avait chaque semaine deux jours de marché : le vendredi et le samedi. Le vendredi, on vendait sur la voie publique des chaussures, des vieux draps, de la laine et la toile appelée *molequin* ; le samedi on tenait étalage aussi de ces trois dernières marchandises et, en outre, des draps neufs, du beurre, de la graisse, du suif, des chandelles, des chausses ou bas. C'était aussi le jour de marché pour les grains.

Si l'on peut tirer quelque conclusion du chiffre plus ou moins élevé du rendement des divers tonlieux, il semble que les marchandises ou denrées qui faisaient le principal objet du commerce local étaient les animaux de boucherie, les bêtes de somme, le beurre et la graisse (acensement ordinaire : 44 livres parisis), puis la toile fine, dite *molequin*, fabriquée à Cambrai, dont la vente rapportait 25 livres aux évêques. Cambrai est restée célèbre par cette fabrication qui fait encore sa principale richesse.

Nous n'essayerons pas d'estimer, en monnaie actuelle, la valeur totale de l'acensement de ces différents tonlieux montant à 210 livres parisis, car on manque de bases exactes pour établir la puissance relative de l'argent au moyen âge. Il est certain seulement que cette somme devait être considérable pour l'époque, puisqu'on voit au XIIIe siècle des seigneuries, comportant des droits nombreux et des terres étendues, être aliénées à un prix bien inférieur. Le mouvement commercial de Cambrai était donc

---

[1] Les premiers deniers cambrésiens que l'on possède sont ceux frappés par Nicolas de Fontaine en 1249. Ils pesaient 48 grains.

très important, car il ne faut pas oublier que cette somme de 210 livres parisis ne représente elle-même tout au plus que la vingtième partie de la valeur des denrées et marchandises vendues ou fabriquées dans cette ville.

Jules FINOT.

Fig. 1.

(fig. 1).

CE SUNT LI DROIT
L'EVESQUE A CAMBRAI

(fig. 1).

De le cense de le balance.

Nulle balance ne puet courre, ne ne doit aval le cité de Cambrai, se par le commandement l'evesque non (fig. 2).

Fig. 2.   Fig. 3.

Li poise de le laine, s'on le poise au tronel, doit 11 deniers (fig. 3).

Cascuns taillieres de dras doit ɪ denier le samedi s'il tient estal (fig. 4).

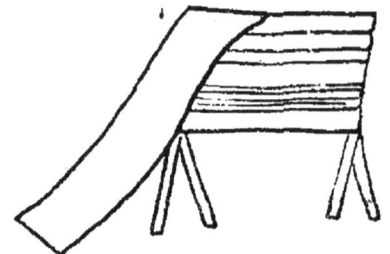

Fig. 4

Cascuns cordoaniers doit ɪɪɪ paires de cauciers l'an; au Noel, une paire; à Pasques, ɪɪ paires; et le samedi, ɪ denier d'estalagier. De ces ɪɪɪ paires de cauciers a li vesques une paire, et les ɪɪ paires ont li flevé, et si a li vesques le denier d'estalagier (fig. 5).

Fig. 5.

De le cense dou moutonnage et de le taille des boulengiers.

Cascuns boulenguiers doit en mai v sous cambrisiens; et li boulenguiers en le mairie Saint-Geri cascuns xvɪɪɪ deniers et obole, s'en a li maires ɪɪɪ deniers et obole (fig. 6).

Fig. 6.

Item, à le feste saint Remi doit cascuns boulenguiers en le mairie Saint-Geri xɪɪɪɪ deniers et obole.

Item, à le feste saint Remi redoit cascuns boulenguiers xx deniers et obole; si est li oboles le justice.

Cascuns trons de foulons doit ɪ denier [cambrisien] l'an (fig. 7).

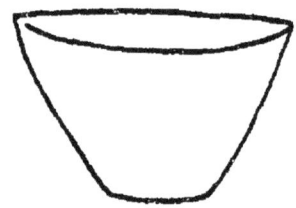

Fig. 7.

Cascuns estaus qui est en le vile de Cambrai es maisons et hors, doit le jour de le saint Remi d'une rente c'on apele doisien, ɪ denier cambrisien; et fu acatée à Alart Provece por tele condicion qu'il convient porter les dés et jouer, et convient s'il veulent prendre, soit ou de porée ou de autre cose, le value du doisien [1].

De le cense des cambiers.

Cascuns cambiers doit à la saint Remi III sous dou waskiet (fig. 8).

Cascuns cambiers qui vent brai molute, il doit pour chascun mui k'il vent et pour chascun mui qu'il euvre, III sous.

Fig. 8.

Moutonnage.

Li vesques a le moutonnage à le feste saint Jehan de VII brebis une; et de VI, nient, et de mains; et de cent brebis n'en paie on ke une, et si le prent on [au cent]. Et si le doit on cuellir li senescaus l'evesque et li fievé (fig. 9).

Fig. 9.

C'EST LI FOUÉE (fig. 10).

Cascuns caretons ki carie laigne à Cambrai et vent, doit II karetées de fouées l'an, une en yver et une en esté.

Quicomques acate laigne au bos ou à le vile ou ailleurs, et il le fait amener à ses voitures, il n'en doit nient se il ne les revent. Et quiconques le revent, soit canonnes, ou cevaliers, ou bourgois, ou maisons de relegion ou autres hom, il doit les fouées devant dites.

Fig. 10.

C'EST LI TONNIUS DEL MAIRIEN (fig. 11).

De le cense dou pois à le balance.

On doit savoir ke li tonnius de l'oeuvre tornée de bos est Saint-Sepulcre, si comme d'escuelles, de pestiaus et de teles coses.

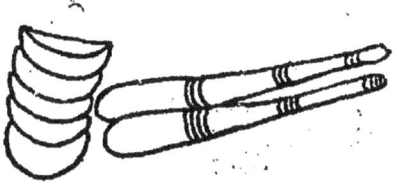

Fig. 11.

[1] Sol ou monnaie valant 12 deniers tournois.

De le cense dou pois.

Et li tonnius del autre carpentage, si comme de erces, de binoirs et d'areres et de roeles et de soiles et de cuveles, est tout au vesque (fig. 12).

Fig. 12.

Cascuns cordiers doit uns traians de camvre et 1 kief de cordes de xi toises. Et cil ki font sennes de puich doivent une senne au puich l'evesque (fig. 13).

Fig. 13.

Li carliers ki fait roes doit pour ii roes et por 1 aissil de carete 1 partit; et cil ki l'acate, autretant, s'il n'est frans hom (fig. 14).

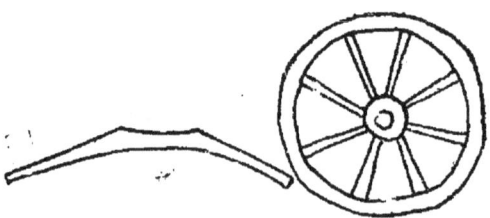

Fig. 14.

Mairiens de erche doit 1 denier li caretée (fig. 15).

Fig. 15.

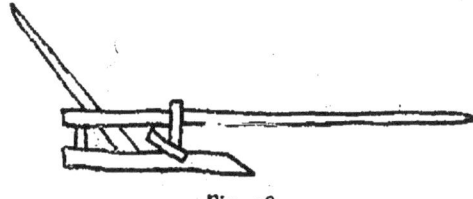

Fig. 16.

Fig. 17.

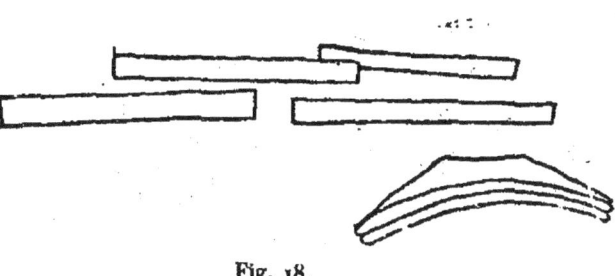

Fig. 18.

Fig. 19.

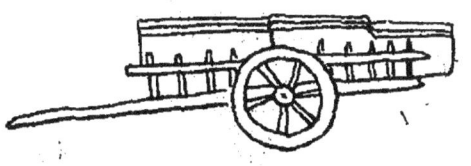

Fig. 20.

Li caretée de binoirs une obole; et d'arere; une obole (fig. 16).

De le cense dou pois.

Li caretée de roieles, I denier; et se elles sunt faites, une roiele, puis ke vII en i ait; et de vI paire, I denier; et de binoirs ki sunt fait, aussi (fig. 17).

Li caretée de cretes, I obole.

Li caretée de mairien doit une obole; et li cars, I denier; et se ce sunt aissil, I aissil; et li cars, II aissius (fig. 18).

Li cars de late, I denier; et li caretée, une obole; et tous li mairieus de mains de xII piés doit I denier; et cil de plus doit obole. Et banke à coutel de vI piés ou de mains doit I denier; et plus, obole.

Cascuns antiers doit au quaresmel au vesques II hanstes por hastiers faire.

Planke de vII piés ou de vIII ou de IX doit une planke, li caretée (fig. 19); et li cars, II, se vII en i a; et se mains en i a, I denier; et se marsceans l'acate, I denier (fig. 20).

De *le cense dou pois.*

Cascune carete ki amaine peles palis ou fourkies, en doit II deniers, et li cars en doit IIII deniers. Cascuns ki fait flaiaus doit à l'aoust I flaiel (fig. 21).

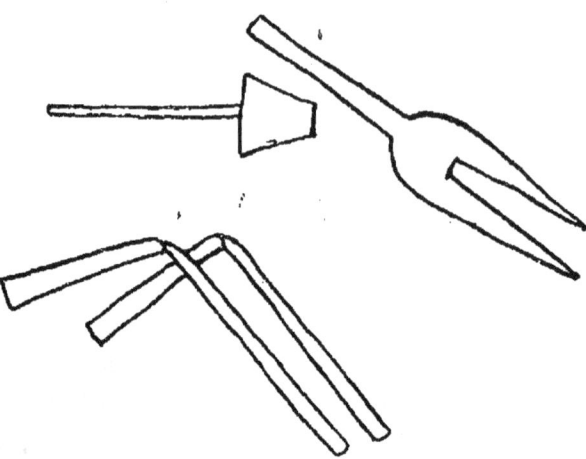
Fig. 21.

Li caretée de bakés, I baket; et li cars, II bakés (fig. 22).

Fig. 22.

Cil ki fait caretes doit I parti de cascune carete; et cil ki l'acate, I parti aussi, s'il n'est frans hom (fig. 23).

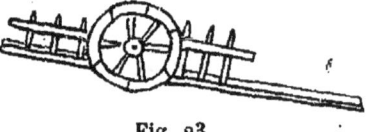
Fig. 23.

Li caretée de mais, une mait; et li cars en doit deus pour ke VII en i ait. Mais sor le carete se plus ou mains en i a de VII, I denier doit (fig. 24).

Fig. 24.

Li caretée de paniers doit I panier; et li cars, II paniers (fig. 25).

Fig. 25.

De *le cense dou pois.*

Li caretée de boistiaus (fig. 26) ou de demi maincaus, u de maincaus, s'il sunt fait.

Fig. 26.

Li caretée de boistiaus, I boistel. Et se ce sunt demi maincaut, I demi maincaut il doit et I boistel, Et se ce sunt maincaut, I mencaut et I demi maincaut doit; et I cars.

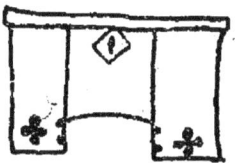

Fig. 27.

ıı maincaus et ıı demi mencaut; car li cars double adès encontre le carete.

Li caretée de tous mairiens, de kestes ı denier; et li cars, ıı deniers (fig. 27).

Fig. 28.

Li caretée de salieres, une saliere; et li cars, deus (fig. 28).

Fig. 29.

Li caretée de ramons doit obole; et li cars, ı denier (fig. 29).

Li caretée de barisiaus, ı denier. Et s'il viennent à keval u à asne, une obole (fig. 30).

Fig. 30.

Cil ki fait casiers doit ı casier l'an (fig. 31).

Fig. 31.

De le cense dou pois.

Li caretée d'archons de seles, ı denier; et li cars, deus (fig. 32).

Fig. 32.

Cil ki fait paniers doit ı panier l'an.

Fig. 33.

Li caretée de batoirs doit ı batoir; et li cars, ıı (fig. 33).

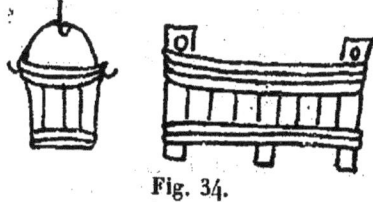

Fig. 34.

Cascuns cuveliers doit à le feste saint Jehan une soile; et à le feste saint Remi, une cuvele tele con i puist une vake saler. Et cil ki fait vans doit ı van; et s'il le vent à home de vile, obole fig. 34).

Li caretée de tille doit une obole.

Et tout li marcheant dedens ne dehors n'en doivent se deniers non.

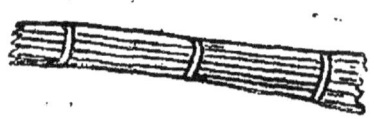

Fig. 35.

Li queste doit une obole, se home de vile l'acate.

Et cest tonniu de mairien devant dit acensist on par an x livres de paresis (fig. 35).

Fig. 36.

De le cense dou pois.

Item, cascuns potiers doit 1 pot à Pasques et 1 à Pentecouste et 1 au Noel (fig. 36).

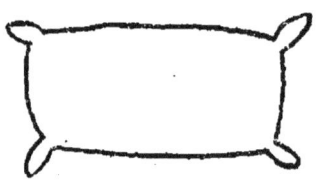

Fig. 37.

C'EST LI TONNIUS DES DRAS

Li sas de lainne ke on ne poise doit de tonniu IIII deniers (fig. 37).

Cascuns dras c'on vent à Cambrai en gros doit II deniers, se ce n'est à l'estal le samedi (fig. 38).

Fig. 38.

Cascune cuvele de waisde doit 1 denier, ki ke le vende (fig. 39).

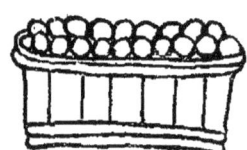

De le cense dou pois.

Fig. 39.

Li chens de warance doit 1 denier, et pour chou ne doit nus tainturiers au vesque autre droiture d'endroit se tainture (fig. 40).

Fig. 40.

Et cest tonniu des dras acensist on par an XI livres de paresis.

— 18 —

C'EST LI TONNIUS D'ESCOHERIE.

De le cense dou tonlieu des viés draps.

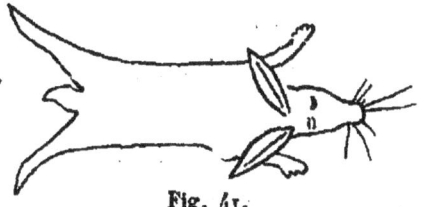
Fig. 41.

Cascuns cens de piaus de lievres doit ıı deniers (fig. 41).

Fig. 42.

Li chens de piaus de conins, ıı deniers (fig. 42).

Fig. 43.

Li chens de piaus d'aigniaus, ııı oboles (fig. 43).

Fig. 44.

Li milliers de vaire oeuvré, ıııı deniers (fig. 44).

Fig. 45.

Li milliers d'escuireus, ıııı deniers (fig. 45).

Fig. 46.

Li dousainne de houpius, ıııı deniers; et autant en doit cil ki acate ke cil ki le vent, de toute l'escoherie (fig. 46).

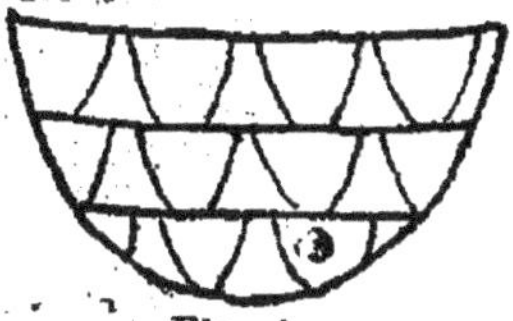

Fig. 47.

Li penne de connins doit ıı deniers (fig. 47).

Li plichons de lievres, ii deniers (fig. 48).

Li plichons d'escuireus, ii deniers (fig. 49).

C'est de le cense dou tonlieu des viés draps.

Li plichons de cas, ii deniers.

Li pelichons d'aigniaus, ii deniers.

Li pennes d'aigniaus, une obole.

Li cas, de vi deniers et obole doit une obole.

Li pene de lirons doit ii deniers.

Li piaus d'aignel de vi deniers et obole doit obole.

Li fourure de houpius doit ii deniers.

Li plichons de mouton doit i denier se il n'i a bouke.

Toutes les piaus d'aignel ki n'ont esté tondues vont à escoherie.

Li tonnius de piaus de male mort, li cens doit ii sous.

Li piaus doit de vi deniers et obole, obole.

Li viaurres doit obole.

Et se on le vent sans peser, on en doit de v sous, i denier.

Et se on le vent en file, on en doit de vi deniers et obole, une obole, et de xxxi deniers, i denier.

Et ce acensist on vii livres de paresis l'an.

C'EST LI TONNIUS DES VIÉS DRAS (fig. 50).

Des viez draps.

Tout cil ki tienent estal des viés dras le devenres, ne le doivent nient tenir. Et s'il i tienent, il doivent de cascune pièce kil vendent plus de xxi deniers, i cambrisien. Et se elle vaut vi deniers et obole, ou plus de xxi deniers, i cambrisien. Et se elle vaut vi deniers et obole, ou plus dusques à xxi deniers, si doivent une obole.

Li estalages dou lignier doit une obole le semaine (fig. 51).

Fig. 48.

Fig. 49.

Fig. 50.

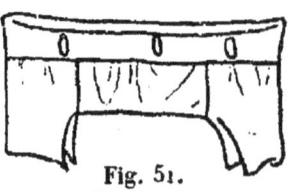

Fig. 51.

Li dousaine de viés dras doit xii deniers; et de chou k'il vendent en lor maisons, de cascune pièce i denier, s'elle vaut xxi deniers; et s'elle vaut mains s'en doit une obole; et se elle vaut mains de vi deniers et obole, nient n'en doit. Et d'estalage, le devenres i denier, et le samedi i denier.

Lainiers doit le devenres obole; et le samedi, obole.

Ki vent ligne, vi deniers doit de le dousaine; et le pièce, obole.

Li estaus de ligne oeuvré obole; et s'il i a point de nuef, i denier.

Fig. 52.

Cil ki keutes vendent, doivent ii denier de le keute. Et se li deforains l'acate, il en doit ii deniers. Li chavecheus, i denier (fig. 52).

Fig. 53.

C'est de le cense dou tonlieu des viés draps.

Ki tient estal de keutes i denier. Et se li deforains l'acate, i denier.

Li pesons de plume, obole (fig. 53).

Li caretée de keutis, ii sous (fig. 54).

Li somiers, xii deniers (fig. 55).

Li torsière, vi deniers.

Li coliers, iiii deniers.

Fig. 54.

Se li hom de forains acate toile, de vi deniers et obole il doit obole. Et de xxxi deniers, i denier doit. Et de plus, cuite, se marcheans n'est.

Li caretée de lin doit ii sols.

Li sonme doit xii deniers (fig. 56).

Li torsière doit vi deniers.

Li coliers doit iiii deniers.

Fig. 55.

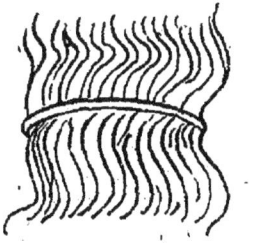

Li estalages dou lin, i deniers. Et se feme de ville l'acate elle en doit de vi deniers et obole, obole. Et de xxxii deniers, i denier; et de plus, cuite.

Fig. 56.

Li cens de file doit iiii deniers.

C'EST LI TONNIUS DEL GRAIN

De le cense de le fouvvée.

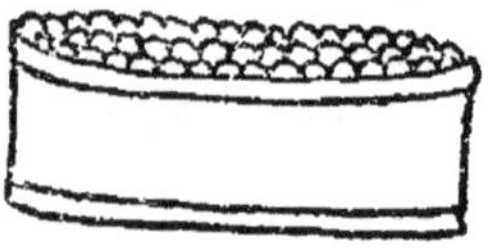

Nus borgois ne autres ne puet acater mui de grain (fig. 57), s'il le revent, kil n'en doivent II deniers de cascun mui.

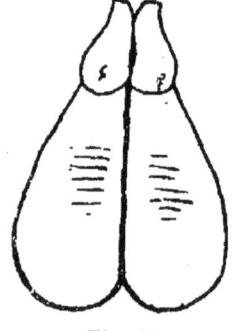

Fig. 57.

Li muis de grain doit II deniers et chou con aporte à col, obole.

Li caretée de cest pais, I denier.

Li caretée de dela le caucie de Fins, II deniers.

Cascune kareté karkié de grain ke va hors Cambray, doit I denier; et li kars, II deniers si sont deforain.

Cil ki vendent les pois et le grumel doivent obole d'estalage le samedi.

Fig. 58.

C'EST LI TONNIUS DES BESTES, DES KEVAUS ET DES APARTENANCES

Cascuns ki bacon vent doit I denier de cascun bacon; et de le baconnesse, une maaille (fig. 58).

Cascuns estaus de bouchier doit le dimenche I denier; et s'il ne le veut paier, on puet prendre waage sur l'estal.

Ki vent keval, il doit II deniers.

Li jumens, I denier.

Li vake, une obole; li veaus, une obole, se on le vent par lui (fig. 59).

Li tors, I denier.

Li bous, I denier.

Li kievre, obole (fig. 60).

Cascun estau de bouchier doit à menseigneur de Cambray, le lundi de le grande Pasque, par le sentence messire Wallerand de Luxembourg, I denier.

Fig. 59.

Fig. 60.

De le cense dou pois de le craisse.

Item cil ki vendent l'oint et le siu doivent 1 denier de leur venel. Cil ki vendent candelles de siu, doivent 1 denier d'estalage le samedi. Li machetriers puet vendre toute la semaine por 1 denier. Et s'il acate craisse à sen compaignon et il le revent, il en doit dou cent, II sols (fig. 61).

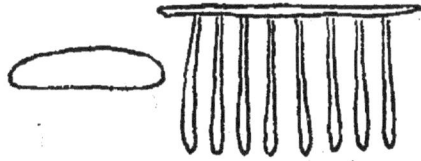

Fig. 61.

C'est de le cense de le fouvvée.

Et li pourchiaus doit 1 denier. Et li truie, obole s'on le vent par li. Et se il i a porchelés et on les vent par eaus, li masles doit 1 denier, et li truie, une obole (fig. 62).

Fig. 62.

Fig. 63.

S'uns hom ki a truie ki soit en se maison norrie, et elle ait porciaus, et il vende ces porciaus, il n'en doit nient (fig. 63).

Li moutons doit 1 denier; li brebis, une obole (fig. 64).

Fig. 64.

Et che acensist on au veques le tonniu dou grain XLIIII livres de paresis, et a le foie plus.

[C'EST LI T]ONNIUS DES CAUCES

[Cil ki] vent le dousaine de cauches, il en doit II deniers, se ce n'est à l'estal le samedi. Et autant en doit li deforains s'il les achate. Et ce achensist on par an XXXVI sous et VIII deniers paresis (fig. 65).

Fig. 65.

C'est li tonnius desmuelekins (fig. 66).

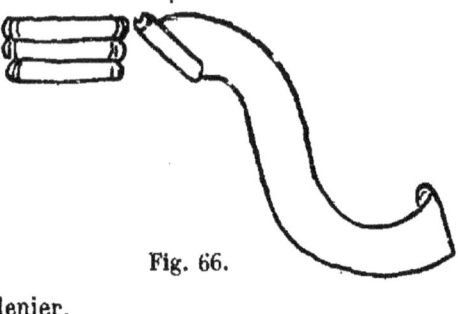

Fig. 66.

Li pièche des moulekins doit i denier; et li dousaine, ii deniers.

Se li moulekiniers tient estal il doit i denier le vendredi, et i denier le samedi.

Ki acate ou vent file de moulekins, il doit de v sous, i denier.

Tout li mercier u il pent coroie à estal, doivent obole.

Cascuns merchiers doit i lachet à Pasques, et i à Pentecouste, et i au Noel.

Et ces coses acensist on xxv livres de paresis par an; a le foie plus.

C'est li tonnius del fer.

Dou pois de le balance.

Li trentaine d'acier doit i denier.

Ci¹ ki estal tienent de viés fer, doivent obole de l'estalage.

Li milliers de claus doit une obole.

Li caretée de fer doit ii deniers, s'on le vent en gros.

Li chens de fer doit une obole.

Li fèvres ki tient estal doit i fer de pèle à march, et une faucile en aoust, et i fer d'aissil à Pasques.

Li coutelliers doit i coutel de viii cambrisiens vaillant, et iii feies l'an.

Li caretée de moeles doit ii deniers.

Et ces coses acensist on l'an lx sous de paresis.

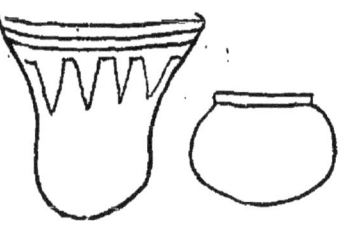

Fig. 67.

C'est li tonnius del keuvre (fig. 67).

C'est de le cense dou pois de le balance.

Li chens dou viés keuvre doit iiii deniers; et li mars, iiii deniers. Et li grande caudière, iiii deniers; et l'autre caudière, i denier.

Et che acensist on xxv sous de paresis par an.

C'est li tonnius del cuir (fig. 68).

Cascune dousaine de cordoan doit ii deniers.

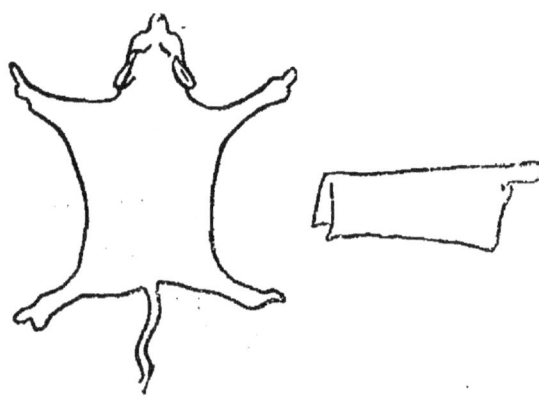

Fig. 68.

— 24 —

Li cuirs de keval doit obole.
Li cuirs de le vake, une obole.
Li caretée d'escorce, une obole.

Li deforains ki amaine cuirs doit de x cuirs, ɪɪ deniers. Et s'il les acate il doit de x cuirs, un.

Et ce acensist on par an xx sous de paresis.

C'EST LI TONNIUS DE LE CRAISSE (fig. 69).

Li bures, li sains, li sius doivent ɪɪ sous de cambrisiens cascuns cens.

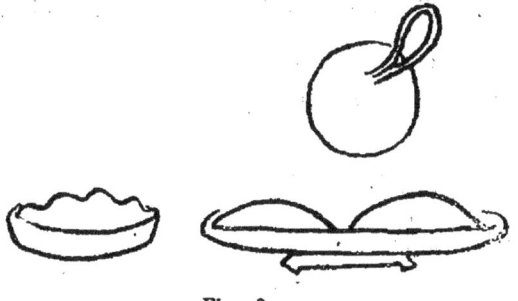

Fig. 69.

Toutes les fenestres là u on vent siu u oint, doivent denrée de leur avoir kil vendent à cascun samedi.

Du pois de le crasse

Toutes les fenestres là u on vent cyre, demie de cyre (fig. 70).

Nous avons entendu de ceus de le terre l'evesque d'endroit le tonniu des froumaiges kil doivent de v, ɪ. Et se cent en i a, n'en doivent il ke ɪ. Et se mains de v en i a, nient n'en doivent. Et si ont à us et à coustume kil sunt cuites des froumages por une garbe à l'aoust et ɪ pain au Noel et un à Pasques. Et s'il ne le paient ensi, on recuevre as fromages.

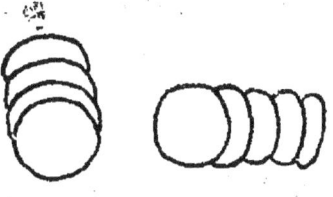

Fig. 70.

Item cil kil vendent l'oint et le siu, doivent ɪ denier de leur venel.

Cil ki vendent candoiles de siu, doivent ɪ denier d'estalage le samedi.

Et ces coses acensist on xxɪɪɪɪ livres de paresis et à le feie xxxɪ livres et à le feie xL livres de paresis.

Nus n'est ki markié fache dedens Cambrai ki n'en doive le droiture au vesque quelle marcheandise ke ce soit.

Item, de tout l'avoir con vent à Cambrai en gros, partout telle droiture comme il doit est l'evesque.

Le jour de feste saint Remi, là u on vent à estaus ne demies, ne denrées et à paniers et sans paniers, à tous ciaus ki venderont, cascuns, soit hom soit feme, doit une obole cambrisiene.

Le jour saint Geri, à tous ceus ki venderont pain, u kil le vendent dedens Cambrai, à cascun une maaille cambrisienne.

Le jour saint Remi, au trestel une obole cambrisienne à cascun et tout cil devant dit ki ceste rente doivent, s'il ne le paient le maaille et il ne l'ont, il s'acuitent de lor denrées, s'il les ont, et s'apartient les entrées et les issues de ces rentes.

Et si a partout le poesté Saint Geri de cascune mesure à l'avenant de chou ke li mesure doit.

Et est à savoir ke le balance, le pois, les estalages, les fouvées, les cambes et les menues rentes de capons et de poules, de deniers de le cité de Cambrai, dedens le vile et dehors as portes, on acensist cascun an CC et x livres de paresis à trois termes, à le Candeler, à le saint Jehan et à le saint Remi.

CE SUNT LI FORAGE
(fig. 71).

Li forages de le maison Saint-Julien que sire Williaumes Crespins tint est l'evesque, par tant ke li celiers oevre sor le caucie, et par autretel raison li forages de le maison Aubri le Selvain.

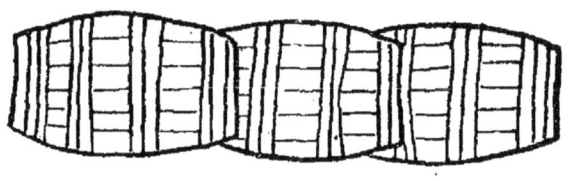

Fig. 71.

Et pour chou ke li vesques i a pris le waskiet quant on i brassoit.

Item le caretée de v muis ou de plus doit I sestier de vin et I sestier à l'evesque. Et de mains de v muis, si comme il dient, il ne doivent nient fors un denier.

Cil ki amaine carée de vin doit VIII sestiers de vin. Si en a li vesques, VII sestiers et II deniers. Et li castelains, I sestier.

ANGERS, IMPRIMERIE BURDIN ET Cie, RUE GARNIER, 4.

www.ingramcontent.com/pod-product-compliance
Lightning Source LLC
Chambersburg PA
CBHW060625050426
42451CB00012B/2423